职业病诊断与鉴定管理办法

中国法制出版社

目　录

中华人民共和国卫生部令

第 91 号

《职业病诊断与鉴定管理办法》已于 2013 年 1 月 9 日经卫生部部务会审议通过，现予公布，自 2013 年 4 月 10 日起施行。

部 长 陈 竺

2013 年 2 月 19 日

职业病诊断与鉴定管理办法

第一章　总　　则

第一条　为了规范职业病诊断与鉴定工作，加强职业病诊断与鉴定管理，根据《中华人民共和国职业病防治法》（以下简称《职业病防治法》），制定本办法。

第二条　职业病诊断与鉴定工作应当按照《职业病防治法》、本办法的有关规定及国家职业病诊断标准进行，遵循科学、公正、及时、便民的原则。

第三条　职业病诊断机构的设置必须适应职业病防治工作实际需要，充分利用现有医疗卫生资源，实现区域覆盖。

第四条　各地要加强职业病诊断机构能力建设，提供必要的保障条件，配备相关的人员、设备和工作经费，以满足职业病诊断工作的需要。

第二章 诊断机构

第五条 省、自治区、直辖市人民政府卫生行政部门（以下简称省级卫生行政部门）应当结合本行政区域职业病防治工作制定职业病诊断机构设置规划，报省级人民政府批准后实施。

第六条 职业病诊断机构应当具备下列条件：

（一）持有《医疗机构执业许可证》；

（二）具有相应的诊疗科目及与开展职业病诊断相适应的职业病诊断医师等相关医疗卫生技术人员；

（三）具有与开展职业病诊断相适应的场所和仪器、设备；

（四）具有健全的职业病诊断质量管理制度。

第七条 医疗卫生机构申请开展职业病诊断，应当向省级卫生行政部门提交以下资料：

（一）职业病诊断机构申请表；

（二）《医疗机构执业许可证》及副本的复印件；

（三）与申请开展的职业病诊断项目相关的诊疗科目及相关资料；

（四）与申请项目相适应的职业病诊断医师等相

关医疗卫生技术人员情况；

（五）与申请项目相适应的场所和仪器、设备清单；

（六）职业病诊断质量管理制度有关资料；

（七）省级卫生行政部门规定提交的其他资料。

第八条 省级卫生行政部门收到申请材料后，应当在五个工作日内作出是否受理的决定，不受理的应当说明理由并书面通知申请单位。

决定受理的，省级卫生行政部门应当及时组织专家组进行技术评审。专家组应当自卫生行政部门受理申请之日起六十日内完成和提交技术评审报告，并对提交的技术评审报告负责。

第九条 省级卫生行政部门应当自收到技术评审报告之日起二十个工作日内，作出是否批准的决定。

对批准的申请单位颁发职业病诊断机构批准证书；不批准的应当说明理由并书面通知申请单位。

职业病诊断机构批准证书有效期为五年。

第十条 职业病诊断机构需要延续依法取得的职业病诊断机构批准证书有效期的，应当在批准证书有效期届满三十日前，向原批准机关申请延续。经原批准机关审核合格的，延续批准证书。

第十一条 符合本办法第六条规定的公立医疗卫生机构可以申请开展职业病诊断工作。

设区的市没有医疗卫生机构申请开展职业病诊断的，省级卫生行政部门应当根据职业病诊断工作的需要，指定公立医疗卫生机构承担职业病诊断工作，并使其在规定时间内达到本办法第六条规定的条件。

第十二条 职业病诊断机构的职责是：

（一）在批准的职业病诊断项目范围内开展职业病诊断；

（二）报告职业病；

（三）报告职业病诊断工作情况；

（四）承担《职业病防治法》中规定的其他职责。

第十三条 职业病诊断机构依法独立行使诊断权，并对其作出的职业病诊断结论负责。

第十四条 职业病诊断机构应当建立和健全职业病诊断管理制度，加强职业病诊断医师等有关医疗卫生人员技术培训和政策、法律培训，并采取措施改善职业病诊断工作条件，提高职业病诊断服务质量和水平。

第十五条 职业病诊断机构应当公开职业病诊断程序，方便劳动者进行职业病诊断。

职业病诊断机构及其相关工作人员应当尊重、关心、爱护劳动者，保护劳动者的隐私。

第十六条 从事职业病诊断的医师应当具备下列条件，并取得省级卫生行政部门颁发的职业病诊断资格证书：

（一）具有医师执业证书；

（二）具有中级以上卫生专业技术职务任职资格；

（三）熟悉职业病防治法律法规和职业病诊断标准；

（四）从事职业病诊断、鉴定相关工作三年以上；

（五）按规定参加职业病诊断医师相应专业的培训，并考核合格。

第十七条 职业病诊断医师应当依法在其资质范围内从事职业病诊断工作，不得从事超出其资质范围的职业病诊断工作。

第十八条 省级卫生行政部门应当向社会公布本行政区域内职业病诊断机构名单、地址、诊断项目等相关信息。

第三章　诊　断

第十九条　劳动者可以选择用人单位所在地、本人户籍所在地或者经常居住地的职业病诊断机构进行职业病诊断。

第二十条　职业病诊断机构应当按照《职业病防治法》、本办法的有关规定和国家职业病诊断标准，依据劳动者的职业史、职业病危害接触史和工作场所职业病危害因素情况、临床表现以及辅助检查结果等，进行综合分析，作出诊断结论。

第二十一条　职业病诊断需要以下资料：

（一）劳动者职业史和职业病危害接触史（包括在岗时间、工种、岗位、接触的职业病危害因素名称等）；

（二）劳动者职业健康检查结果；

（三）工作场所职业病危害因素检测结果；

（四）职业性放射性疾病诊断还需要个人剂量监测档案等资料；

（五）与诊断有关的其他资料。

第二十二条　劳动者依法要求进行职业病诊断

的，职业病诊断机构应当接诊，并告知劳动者职业病诊断的程序和所需材料。劳动者应当填写《职业病诊断就诊登记表》，并提交其掌握的本办法第二十一条规定的职业病诊断资料。

第二十三条 在确认劳动者职业史、职业病危害接触史时，当事人对劳动关系、工种、工作岗位或者在岗时间有争议的，职业病诊断机构应当告知当事人依法向用人单位所在地的劳动人事争议仲裁委员会申请仲裁。

第二十四条 职业病诊断机构进行职业病诊断时，应当书面通知劳动者所在的用人单位提供其掌握的本办法第二十一条规定的职业病诊断资料，用人单位应当在接到通知后的十日内如实提供。

第二十五条 用人单位未在规定时间内提供职业病诊断所需要资料的，职业病诊断机构可以依法提请安全生产监督管理部门督促用人单位提供。

第二十六条 劳动者对用人单位提供的工作场所职业病危害因素检测结果等资料有异议，或者因劳动者的用人单位解散、破产，无用人单位提供上述资料的，职业病诊断机构应当依法提请用人单位所在地安全生产监督管理部门进行调查。

职业病诊断机构在安全生产监督管理部门作出调查结论或者判定前应当中止职业病诊断。

第二十七条 职业病诊断机构需要了解工作场所职业病危害因素情况时，可以对工作场所进行现场调查，也可以依法提请安全生产监督管理部门组织现场调查。

第二十八条 经安全生产监督管理部门督促，用人单位仍不提供工作场所职业病危害因素检测结果、职业健康监护档案等资料或者提供资料不全的，职业病诊断机构应当结合劳动者的临床表现、辅助检查结果和劳动者的职业史、职业病危害接触史，并参考劳动者自述、安全生产监督管理部门提供的日常监督检查信息等，作出职业病诊断结论。仍不能作出职业病诊断的，应当提出相关医学意见或者建议。

第二十九条 职业病诊断机构在进行职业病诊断时，应当组织三名以上单数职业病诊断医师进行集体诊断。

职业病诊断医师应当独立分析、判断、提出诊断意见，任何单位和个人无权干预。

第三十条 职业病诊断机构在进行职业病诊断时，诊断医师对诊断结论有意见分歧的，应当根据半数以上诊断医师的一致意见形成诊断结论，对不同意见应当如实记录。参加诊断的职业病诊断医师不得弃权。

第三十一条 职业病诊断机构可以根据诊断需要，聘请其他单位职业病诊断医师参加诊断。必要时，可以邀请相关专业专家提供咨询意见。

第三十二条 职业病诊断机构作出职业病诊断结论后，应当出具职业病诊断证明书。

职业病诊断证明书应当包括以下内容：

（一）劳动者、用人单位基本信息；

（二）诊断结论。确诊为职业病的，应当载明职业病的名称、程度（期别）、处理意见；

（三）诊断时间。

职业病诊断证明书应当由参加诊断的医师共同签署，并经职业病诊断机构审核盖章。

职业病诊断证明书一式三份，劳动者、用人单位各一份，诊断机构存档一份。

职业病诊断证明书的格式由卫生部统一规定。

第三十三条 职业病诊断机构应当建立职业病诊断档案并永久保存，档案应当包括：

（一）职业病诊断证明书；

（二）职业病诊断过程记录，包括参加诊断的人员、时间、地点、讨论内容及诊断结论；

（三）用人单位、劳动者和相关部门、机构提交的有关资料；

（四）临床检查与实验室检验等资料；

（五）与诊断有关的其他资料。

第三十四条 职业病诊断机构发现职业病病人或者疑似职业病病人时，应当及时向所在地卫生行政部门和安全生产监督管理部门报告。

确诊为职业病的，职业病诊断机构可以根据需要，向相关监管部门、用人单位提出专业建议。

第三十五条 未取得职业病诊断资质的医疗卫生机构，在诊疗活动中怀疑劳动者健康损害可能与其所从事的职业有关时，应当及时告知劳动者到职业病诊断机构进行职业病诊断。

第四章 鉴 定

第三十六条 当事人对职业病诊断机构作出的职业病诊断结论有异议的，可以在接到职业病诊断证明书之日起三十日内，向职业病诊断机构所在地设区的市级卫生行政部门申请鉴定。

设区的市级职业病诊断鉴定委员会负责职业病诊断争议的首次鉴定。

当事人对设区的市级职业病鉴定结论不服的，可以在接到鉴定书之日起十五日内，向原鉴定组织所在地省级卫生行政部门申请再鉴定。

职业病鉴定实行两级鉴定制，省级职业病鉴定结论为最终鉴定。

第三十七条 卫生行政部门可以指定办事机构，具体承担职业病鉴定的组织和日常性工作。职业病鉴定办事机构的职责是：

（一）接受当事人申请；

（二）组织当事人或者接受当事人委托抽取职业病鉴定专家；

（三）组织职业病鉴定会议，负责会议记录、职业病鉴定相关文书的收发及其他事务性工作；

（四）建立并管理职业病鉴定档案；

（五）承担卫生行政部门委托的有关职业病鉴定的其他工作。

职业病诊断机构不能作为职业病鉴定办事机构。

第三十八条 设区的市级以上地方卫生行政部门

应当向社会公布本行政区域内依法承担职业病鉴定工作的办事机构的名称、工作时间、地点和鉴定工作程序。

第三十九条 省级卫生行政部门应当设立职业病鉴定专家库（以下简称专家库），并根据实际工作需要及时调整其成员。专家库可以按照专业类别进行分组。

第四十条 专家库应当以取得各类职业病诊断资格的医师为主要成员，吸收临床相关学科、职业卫生、放射卫生等相关专业的专家组成。专家应当具备下列条件：

（一）具有良好的业务素质和职业道德；

（二）具有相关专业的高级专业技术职务任职资格；

（三）熟悉职业病防治法律法规和职业病诊断标准；

（四）身体健康，能够胜任职业病鉴定工作。

第四十一条 参加职业病鉴定的专家，应当由申请鉴定的当事人或者当事人委托的职业病鉴定办事机构从专家库中按照专业类别以随机抽取的方式确定。抽取的专家组成职业病鉴定专家组（以下简称专家组）。

经当事人同意，职业病鉴定办事机构可以根据鉴定需要聘请本省、自治区、直辖市以外的相关专业专家作为专家组成员，并有表决权。

第四十二条 专家组人数为五人以上单数，其中相关专业职业病诊断医师应当为本次专家人数的半数以上。疑难病例应当增加专家组人数，充分听取意见。专家组设组长一名，由专家组成员推举产生。

职业病鉴定会议由专家组组长主持。

第四十三条 参与职业病鉴定的专家有下列情形之一的，应当回避：

（一）是职业病鉴定当事人或者当事人近亲属的；

（二）已参加当事人职业病诊断或者首次鉴定的；

（三）与职业病鉴定当事人有利害关系的；

（四）与职业病鉴定当事人有其他关系，可能影响鉴定公正的。

第四十四条 当事人申请职业病鉴定时，应当提供以下资料：

（一）职业病鉴定申请书；

（二）职业病诊断证明书，申请省级鉴定的还应当提交市级职业病鉴定书；

（三）卫生行政部门要求提供的其他有关资料。

第四十五条 职业病鉴定办事机构应当自收到申请资料之日起五个工作日内完成资料审核，对资料齐全的发给受理通知书；资料不全的，应当书面通知当事人补充。资料补充齐全的，应当受理申请并组织鉴定。

职业病鉴定办事机构收到当事人鉴定申请之后，根据需要可以向原职业病诊断机构或者首次职业病鉴定的办事机构调阅有关的诊断、鉴定资料。原职业病诊断机构或者首次职业病鉴定办事机构应当在接到通知之日起十五日内提交。

职业病鉴定办事机构应当在受理鉴定申请之日起六十日内组织鉴定、形成鉴定结论，并在鉴定结论形成后十五日内出具职业病鉴定书。

第四十六条 根据职业病鉴定工作需要，职业病鉴定办事机构可以向有关单位调取与职业病诊断、鉴定有关的资料，有关单位应当如实、及时提供。

专家组应当听取当事人的陈述和申辩，必要时可以组织进行医学检查。

需要了解被鉴定人的工作场所职业病危害因素情况时，职业病鉴定办事机构根据专家组的意见可以对工作场所进行现场调查，或者依法提请安全生产监督管理部门组织现场调查。依法提请安全生产监督管理部门组织现场调查的，在现场调查结论或者判定作出前，职业病鉴定应当中止。

职业病鉴定应当遵循客观、公正的原则，专家组进行职业病鉴定时，可以邀请有关单位人员旁听职业病鉴定会。所有参与职业病鉴定的人员应当依法保护被鉴定人的个人隐私。

第四十七条 专家组应当认真审阅鉴定资料，依照有关规定和职业病诊断标准，经充分合议后，根据专业知识独立进行鉴定。在事实清楚的基础上，进行综合分析，作出鉴定结论，并制作鉴定书。

鉴定结论应当经专家组三分之二以上成员通过。

第四十八条 职业病鉴定书应当包括以下内容：

（一）劳动者、用人单位的基本信息及鉴定事由；

（二）鉴定结论及其依据，如果为职业病，应当注明职业病名称、程度（期别）；

（三）鉴定时间。

鉴定书加盖职业病诊断鉴定委员会印章。

首次鉴定的职业病鉴定书一式四份，劳动者、用人单位、原诊断机构各一份，职业病鉴定办事机构存档一份；再次鉴定的职业病鉴定书一式五份，劳动者、用人单位、原诊断机构、首次职业病鉴定办事机构各一份，再次职业病鉴定办事机构存档一份。

职业病鉴定书的格式由卫生部统一规定。

第四十九条 职业病鉴定书应当于鉴定结论作出之日起二十日内由职业病鉴定办事机构送达当事人。

第五十条 鉴定结论与诊断结论或者首次鉴定结论不一致的，职业病鉴定办事机构应当及时向相关卫生行政部门和安全生产监督管理部门报告。

第五十一条 职业病鉴定办事机构应当如实记录职业病鉴定过程，内容应当包括：

（一）专家组的组成；

（二）鉴定时间；

（三）鉴定所用资料；

（四）鉴定专家的发言及其鉴定意见；

（五）表决情况；

（六）经鉴定专家签字的鉴定结论；

（七）与鉴定有关的其他资料。

有当事人陈述和申辩的，应当如实记录。

鉴定结束后，鉴定记录应当随同职业病鉴定书一并由职业病鉴定办事机构存档，永久保存。

第五章 监督管理

第五十二条 县级以上地方卫生行政部门应当制定职业病诊断机构年度监督检查计划，定期对职业病诊断机构进行监督检查，检查内容包括：

（一）法律法规、标准的执行情况；

（二）规章制度建立情况；

（三）人员、岗位职责落实和培训等情况；

（四）职业病报告情况等。

省级卫生行政部门每年应当至少组织一次监督检查；设区的市级卫生行政部门每年应当至少组织一次监督检查并不定期抽查；县级卫生行政部门负责日常监督检查。

第五十三条 设区的市级以上地方卫生行政部门应当加强对职业病鉴定办事机构的监督管理，对职业病鉴定工作程序、制度落实情况及职业病报告等相关工作情况进行监督检查。

第五十四条 省级卫生行政部门负责对职业病诊断机构进行定期考核。

第六章 法律责任

第五十五条 医疗卫生机构未经批准擅自从事职业病诊断的，由县级以上地方卫生行政部门按照《职业病防治法》第八十条的规定进行处罚。

第五十六条 职业病诊断机构有下列行为之一的，由县级以上地方卫生行政部门按照《职业病防治法》第八十一条的规定进行处罚：

（一）超出批准范围从事职业病诊断的；

（二）不按照《职业病防治法》规定履行法定职责的；

（三）出具虚假证明文件的。

第五十七条 职业病诊断机构未按照规定报告职业病、疑似职业病的，由县级以上地方卫生行政部门按照《职业病防治法》第七十五条的规定进行处罚。

第五十八条 职业病诊断机构违反本办法规定，有下列情形之一的，由县级以上地方卫生行政部门责令限期改正；逾期不改正的，给予警告，并可以根据情节轻重处以二万元以下的罚款：

（一）未建立职业病诊断管理制度；

（二）不按照规定向劳动者公开职业病诊断程序；

（三）泄露劳动者涉及个人隐私的有关信息、资料；

（四）其他违反本办法的行为。

第五十九条 职业病诊断鉴定委员会组成人员收受职业病诊断争议当事人的财物或者其他好处的，由省级卫生行政部门按照《职业病防治法》第八十二条的规定进行处罚。

第六十条 县级以上地方卫生行政部门及其工作人员未依法履行职责，按照《职业病防治法》第八十五条第二款的规定进行处理。

第七章 附 则

第六十一条 职业病诊断、鉴定的费用由用人单位承担。

第六十二条 本办法由卫生部解释。

第六十三条 本办法自 2013 年 4 月 10 日起施行。2002 年 3 月 28 日卫生部公布的《职业病诊断与鉴定管理办法》同时废止。

卫生部办公厅关于贯彻落实《职业病诊断与鉴定管理办法》的通知

（2013 年 3 月 11 日　卫办监督发〔2013〕18 号）

各省、自治区、直辖市卫生厅局，新疆生产建设兵团卫生局，中国疾病预防控制中心、卫生部卫生监督中心：

新修订的《职业病诊断与鉴定管理办法》（卫生部令第 91 号）（以下简称《办法》）于 2013 年 2 月 19 日公布，将于 2013 年 4 月 10 日实施。现就贯彻落实《办法》，进一步做好职业病诊断与鉴定工作通知如下：

一、认真学习，准确理解掌握《办法》的有关规定

职业病诊断与鉴定工作政策性和技术性强，直接关系到劳动者和用人单位的权益。新修订的《办法》根据《职业病防治法》有关规定进一步明确了职业病诊断机构的设置原则、条件和职责，简化了职业病诊断与鉴定工作流程，扩大了劳动者选择职业病诊断机构的范围，完善了部门协调配合机制，强化了监督管理，更加有利于劳动者进行职业病诊断与鉴定。各地要组织职业病诊断机构、职业病鉴定办事机构、卫生监督机构和相关医疗卫生机构认真学习，确保准确理解、全面掌握、贯彻落实好《办法》的有关规定。同时，要向公众、用人单位和劳动者做好《办法》的解读工作，大力宣传职业病诊断与鉴定工作原则、程序和便民措施，为《办法》的贯彻实施营造良好的舆论氛围和社会环境。

二、结合实际，进一步加强职业病诊断与鉴定能力建设

近年来卫生部先后印发了《卫生部关于进一步加强职业病诊断与鉴定管理工作的通知》（卫监督发〔2009〕82号）、《卫生部关于切实履行职责　进一步加强职业病防治工作的通知》（卫监督发〔2011〕20号）等文件，对加强职业病诊断机构能力建设提出了明确要求。各地充分利用现有医疗卫生资源，不断加强建设，能力和水平有了明显提升。但是，仍有个别地区职业病诊断与鉴定能力严重不足，不能满足工作需要。各地要根据《办法》提出的要求，加强职业病诊断机构能力建设，提供必要的保障条件，配备相关的人员、设备和工作经费，以满足职业病诊断工作需要。要结合实际制定设置规划，实现区域覆盖。设区的市没有职业病诊断机构的，应当根据工作需要，指定公立医疗卫生机构承担职业病诊断工作。各地特别是目前职业病诊断与鉴定能力薄弱的地区要以深化医药卫生体制改革为契机，制定完善方案，采取有效措施，加强机构建设，加大人才培养力度，切实提高职业病诊断与鉴定能力。

三、规范管理，提高职业病诊断与鉴定工作质量和水平

各地卫生行政部门要加强职业病诊断与鉴定制度建设，加强监管。要按照诊断机构准入条件严格规范行政审批，做好政务公开工作，及时向社会公布职业病诊断机构、职业病鉴定办事机构相关信息。设立完善职业病鉴定专家库，加强对专家的管理和培训。职业病鉴定办事机构要依法履行职责，遵循客观、公正、便民的原则，完善工作流程，及时受理鉴定申请，认真组织抽取专家，执行回避制度，加强与相关部门的配合，组织做好职业病鉴定工作。对鉴定结论与诊断结论或者首次鉴定结论不一致的，要履行报告义务。

职业病诊断机构要牢固树立法律意识、责任意识和服务意识。劳动者要求进行职业病诊断的，诊断机构要及时接诊，并告知劳动者职业病诊断程序和所需材料。加强与用人单位、相关部门的沟通，对资料不全或有争议的应当及时请用人单位和相关部门予以配合。要建立和完善管理制度，加强法律、法规和技术培训，严格按照《职业病防治法》、《办法》有关规定和相关标准，规范诊断行为。认真履行职业病和疑似职业病的报告和告知义务。要做好院务公开工作，公开办事程序，结合卫生系统“三好一满意”活动，不断提高服务质量和水平。

四、加强监督，严肃查处违法违规行为

新修订的《办法》明确规定了地方各级卫生行政部门对职业病诊断、鉴定办事机构监督检查的内容和频次。各地要加强职业卫生监督执法力量，改善工作条件，保障工作经费，提高监管能力和水平。要加大对职业病诊断、鉴定办事机构法律法规执行、规章制度建立、职责落实和职业病报告等情况的监督检查力度，严肃查处违法违规行为。

为更好地贯彻落实《办法》，做好职业病诊断与鉴定工作，卫生部统一制定了职业病诊断机构申请表、职业病诊断机构批准证书等相关表格样式，现印发给你们，请参照执行。

附件 1

职业病诊断机构申请表

申请单位名称（公章）：____________

填表日期：______年____月____日

中华人民共和国卫生部制

职业病诊断机构申请表

<table>
<tr><td>申请单位名称</td><td colspan="5"></td></tr>
<tr><td>申请单位地址</td><td></td><td>电话</td><td></td><td>传真</td><td></td></tr>
<tr><td>邮政编码</td><td></td><td>电子邮件</td><td colspan="3"></td></tr>
<tr><td>法定代表人</td><td></td><td>职务/职称</td><td colspan="3"></td></tr>
<tr><td>申请诊断项目</td><td colspan="5">1. 尘肺 （ ） 2. 职业性放射性疾病 （ ）
3. 职业中毒 （ ） 4. 物理因素所致职业病 （ ）
5. 生物因素所致职业病 （ ） 6. 职业性皮肤病 （ ）
7. 职业性眼病 （ ） 8. 职业性耳鼻喉口腔疾病（ ）
9. 职业性肿瘤 （ ） 10. 其他职业病 （ ）</td></tr>
<tr><td>所附资料清单</td><td colspan="5">1. 《医疗机构执业许可证》及副本（复印件）； （ ）
2. 与申请开展的职业病诊断项目相关资料； （ ）
3. 与申请项目相适应的职业病诊断医师等相关医疗卫生技术人员情况； （ ）
4. 与申请项目相适应的场所和仪器、设备清单； （ ）
5. 职业病诊断质量管理制度有关资料； （ ）
6. 省级卫生行政部门规定提交的其他资料（详细列出）：</td></tr>
<tr><td colspan="6">本单位保证申报的全部资料属实。

申请单位法定代表人：__________ 申请单位：
（签章） （公章）
年 月 日</td></tr>
</table>

职业病诊断医师等相关医疗卫生技术人员情况表

姓名	性别	出生年月	学历	职务/职称	所在科室	从事专业	工作年限	取得职业病诊断医师等相关资格证书日期

职业病诊断仪器和设备清单

序号	仪器、设备名称	型号	数量	用途	工作状态	购置日期	备注

附件 2

职业病诊断机构批准证书

证书编号：（　　）卫职诊字（20　）第（　）号

机构名称：

法定代表人：

地址：

批准的职业病诊断项目：

有效期：　　　年　　月　　日至　　　年　　月　　日

卫生行政部门（公章）

年　　月　　日

附件 3

职业病诊断就诊登记表

编号：

<table>
<tr><td>姓名</td><td></td><td>性别</td><td></td><td>年龄</td><td></td><td colspan="2">联系电话</td><td colspan="2"></td></tr>
<tr><td>身份证号码</td><td></td><td>联系地址</td><td colspan="7"></td></tr>
<tr><td>用人单位名称</td><td colspan="2"></td><td colspan="2">用人单位联系人</td><td colspan="2"></td><td>联系电话</td><td colspan="2"></td></tr>
<tr><td>用人单位地址</td><td colspan="6"></td><td>邮政编码</td><td colspan="2"></td></tr>
<tr><td>既往病史</td><td colspan="9"></td></tr>
<tr><td rowspan="3">职业史</td><td>起止
时间</td><td colspan="2">工作单位</td><td>工种/
岗位</td><td colspan="2">每天
工作时间</td><td colspan="2">接触的
危害因素</td><td>防护
情况</td></tr>
<tr><td></td><td colspan="2"></td><td></td><td colspan="2"></td><td colspan="2"></td><td></td></tr>
<tr><td></td><td colspan="2"></td><td></td><td colspan="2"></td><td colspan="2"></td><td></td></tr>
<tr><td colspan="10">如有以下资料，请一并提供（请在相应资料后打“√”）：
（一）劳动者职业史和职业病危害接触史（包括在岗时间、工种、岗位、接触的职业病危害因素名称等）；（ ）
（二）劳动者职业健康检查结果；（ ）
（三）工作场所职业病危害因素检测结果；（ ）
（四）个人剂量监测档案（限于接触职业性放射性危害的劳动者）；（ ）
（五）与诊断有关的其他资料。（ ）
本人认可所提供资料是客观的、真实的。同时，本人申明近期没有在其他职业病诊断机构进行诊断。</td></tr>
<tr><td colspan="10">当事人：（签名或签章）
日期：　年　月　日</td></tr>
<tr><td>代理人
姓名</td><td></td><td>与当事人
关系</td><td></td><td>身份证
号码</td><td colspan="2"></td><td>联系方式</td><td colspan="2"></td></tr>
<tr><td colspan="10">代理人签名：　日期：　年　月　日</td></tr>
</table>

注：1. 当事人应当提交身份证复印件和劳动关系相关证明材料等，并在复印件上签名确认；委托代理的，还应当提交当事人委托书和代理人身份证复印件。

2. 当事人应当在所提交的资料首页上签名确认，并注明页数。

3. 如果提供的材料是复印件，应注明“此件与原件相符”并签名，单位加盖公章。

4. 当事人在职业病诊断中所提交的所有材料一概不予退还，请自留备份。

5. 劳动者如有相关资料的，请一并提供。

附件4

关于请提供职业病诊断与鉴定有关材料的函

编号：

____________（用人单位）：

你单位________（先生/女士）要求进行职业病诊断/鉴定，我单位已接受/受理。根据《中华人民共和国职业病防治法》的规定，因职业病诊断/鉴定工作需要，请你单位在十个工作日内提供以下资料（打“√”部分）：

1. 劳动者职业史（ ）
2. 劳动者职业病危害接触史（ ）
3. 工作场所职业病危害因素检测结果（ ）
4. 劳动者的职业健康监护档案（ ）
5. 个人剂量监测档案（限于接触职业性放射性危害的劳动者）（ ）
6. 与诊断有关的其他资料（ ）（ ）

如果提供的材料是复印件，请注明“此件与原件相符”并加盖公章。

如果你单位在规定的时间内不提供上述有关资料或提供虚假资料，将依法承担不利后果。

职业病诊断机构/职业病鉴定办事机构地址：

______________________________；

邮政编码：______________________________；

联系电话：______________________________；

传真：______________________________。

（公章）

年　月　日

抄送：（用人单位所在地安全生产监督管理部门、劳动者）。

附件 5

关于请协助开展职业病诊断与鉴定有关工作的函

编号：

__________安全生产监督管理局：

贵局辖区内______________（单位）________（先生/女士）要求进行职业病诊断/鉴定，我单位已接受/受理。根据《中华人民共和国职业病防治法》的规定，因职业病诊断/鉴定工作需要，请贵局协助完成以下工作（打“√”部分）：

1. 督促用人单位提供职业病诊断/鉴定有关资料（ ）

2. 提供该用人单位自________（起始日期）的日常监督检查信息（ ）

3. 请依法组织现场调查，并请及时反馈工作场所职业病危害因素情况（ ）

4. 劳动者对用人单位提供的工作场所职业病危害因素检测结果等资料有异议，请在三十日内对异议作出判定（ ）

5. 劳动者的用人单位解散、破产，无用人单位提供工作场所职业病危害因素检测结果等资料，请在三十日内对工作场所职业病危害因素情况作出判定（ ）

如果提供的材料是复印件，请注明“此件与原件相符”并加盖公章。如遇特殊情况不能按时完成相应工作，请函复我单位。

职业病诊断机构/职业病鉴定办事机构地址：____________________；

邮政编码：____________________________；

联系电话：____________________________；

传真：________________________________。

（公章）

年　月　日

抄送：（用人单位、劳动者）。

附件 6

职业病诊断证明书

编号：

<table>
<tr><td>姓名</td><td></td><td>性别</td><td></td><td>身份证号码</td><td></td></tr>
<tr><td colspan="2">用人单位名称</td><td colspan="4"></td></tr>
<tr><td colspan="2">职业病危害接触史</td><td colspan="4"></td></tr>
<tr><td colspan="6">诊断结论：</td></tr>
<tr><td colspan="6">处理意见：

诊断医师：　　　　　　　　　　诊断机构：
（签名）　　　　　　　　　　　（公章）
年　月　日　　　　　　　　　　年　月　日</td></tr>
</table>

注：如对本诊断结论有异议，可以在接到本证明书三十日内向______省（区、市）______市（区）卫生局申请设区的市级职业病鉴定。

附件 7

职业病鉴定书

编号：

姓名		性别		身份证号码	
用人单位名称					
职业病危害接触史					
申请鉴定主要理由：					
鉴定依据：					
鉴定结论： 职业病诊断鉴定委员会 （公章） 年　月　日					

注：1. 根据《中华人民共和国职业病防治法》的规定，如对设区的市级职业病鉴定结论有异议，可以在接到职业病鉴定书十五日内向______省（区、市）卫生厅（局）申请省级职业病鉴定。

2. 省级职业病鉴定结论为最终鉴定。

职业病诊断与鉴定管理办法
ZHIYEBING ZHENDUAN YU JIANDING GUANLI BANFA

经销/新华书店
印刷/涿州市新华印刷有限公司
开本/850×1168 毫米 32　　印张/1.25　字数/14 千
版次/2013 年 4 月第 1 版　　2013 年 4 月第 1 次印刷

中国法制出版社出版
书号 ISBN 978-7-5093-4479-8　　定价：5.00 元

北京西单横二条 2 号　邮政编码 100031　　传真：66031119
网址：http：//www.zgfzs.com　　**编辑部电话：66066627**
市场营销部电话：66017726　　**邮购部电话：66033288**